# ΑΠΟΤΕΛΕΣΜΑΤΙΚΗ ΕΠΙΚΟΙΝΩΝΙΑ ΣΤΗΝ ΕΡΓΑΣΙΑ

## Πες αυτό που εννοείς και πάρε αυτό που θέλεις

# ΑΠΟΤΕΛΕΣΜΑΤΙΚΗ ΕΠΙΚΟΙΝΩΝΙΑ ΣΤΗΝ ΕΡΓΑΣΙΑ

## Πες αυτό που εννοείς και πάρε αυτό που θέλεις

γραμμένο από Virginie de Lutis
μεταφρασμένο από Lina Sideris

## Η ABC ΤΟΥ ΠΡΩΤΑΘΛΗΤΗ ΤΗΣ ΕΠΙΧΕΙΡΗΜΑΤΙΚΗΣ ΕΠΙΚΟΙΝΩΝΙΑΣ     6



## ΚΟΡΥΦΑΙΕΣ ΣΥΜΒΟΥΛΕΣ     15

## ΣΥΧΝΕΣ ΕΡΩΤΗΣΕΙΣ     19



## ΕΞΑΡΤΑΤΑΙ ΑΠΟ ΕΣΑΣ     25



## ΓΙΑ ΝΑ ΠΡΟΧΩΡΗΣΕΤΕ ΠΕΡΑΙΤΕΡΩ     27

# ΑΠΟΤΕΛΕΣΜΑΤΙΚΗ ΕΠΙΚΟΙΝΩΝΙΑ ΣΤΗΝ ΕΡΓΑΣΙΑ

- **Ποιο είναι το πρόβλημα;** Πώς να αναπτύξετε μια υγιή και σαφή επικοινωνία στην εταιρεία;

- **Γιατί είναι σημαντικό;** Η καλή επικοινωνία στις επιχειρήσεις είναι απαραίτητη για την παρακίνηση και τη βελτίωση της αποδοτικότητας των εργαζομένων, την επίλυση συγκρούσεων και τη διατήρηση αρμονικών επιχειρηματικών σχέσεων.

- **Επαγγελματικό πλαίσιο?** Επαγγελματικές σχέσεις, επαγγελματική επικοινωνία, ανθρώπινοι πόροι.

- **ΣΥΧΝΕΣ ΕΡΩΤΗΣΕΙΣ?**

  - Τι πρέπει να προσέχω όταν επικοινωνώ με τους συναδέλφους μου;

  - Τι είδους επικοινωνία μπορώ να βρω στην εταιρεία;

  - Πώς επικοινωνώ με τον προϊστάμενό μου;

  - Πώς μπορώ να κάνω τις συνεδριάσεις μου αποτελεσματικές;

  - Πώς να αποφύγετε τις φήμες και τα παιχνίδια εξουσίας;

  - Ποιος είναι ο σκοπός των αξιολογήσεων και της ανατροφοδότησης;

- Πρέπει να επικοινωνώ διαφορετικά αν είμαι γυναίκα;

- Πώς μπορώ να αποκαταστήσω την επικοινωνία εντός της ομάδας μου;

Η επικοινωνία είναι απαραίτητη για την ομαλή λειτουργία κάθε επιχείρησης, ωστόσο μπορεί να αποτελέσει πηγή παρεξηγήσεων ή και συγκρούσεων, δημιουργώντας μια ατμόσφαιρα που είναι επιζήμια για την ευημερία και την αποδοτικότητα των εργαζομένων. Φήμες, υπονοούμενα, ανομολόγητα λόγια - δεν είναι ασυνήθιστο να συναντάμε τέτοιες καταστάσεις κατά τη διάρκεια της εργασιακής μας ζωής, οπότε ας ρίξουμε μια προσεκτική ματιά σε αυτό το φαινόμενο.

Πώς όμως θα το κάνουμε, προκειμένου να προωθήσουμε αποτελεσματικές και υγιείς ανταλλαγές που σέβονται και παρακινούν τους εργαζόμενους; Ενώ τα προηγούμενα μοντέλα κατακλύζουν τους βασικούς ενδιαφερόμενους με πληροφορίες χωρίς να λαμβάνουν υπόψη τον ανθρώπινο παράγοντα, οι σημερινές εταιρείες αναπτύσσουν όλο και περισσότερο στρατηγικές που προωθούν και καλλιεργούν την ανεκτική, χρήσιμη και στενή επικοινωνία. Η καθιέρωση μιας τέτοιας διαδικασίας, ωστόσο, απαιτεί χρόνο και απαιτεί την τήρηση ορισμένων αρχών. Μέσα σε 50 λεπτά, αυτό το φυλλάδιο παρουσιάζει τις διάφορες πτυχές της εσωτερικής επικοινωνίας και τα εμπόδια που μπορεί να συναντήσετε σε μια εταιρεία και προτείνει λύσεις για την επιτυχή μετάδοση σαφών και αποτελεσματικών μηνυμάτων, προκειμένου να βελτιώσετε τις επαγγελματικές σας σχέσεις.

# Η ABC ΤΟΥ ΠΡΩΤΑΘΛΗΤΗ ΤΗΣ ΕΠΙΧΕΙΡΗΜΑΤΙΚΗΣ ΕΠΙΚΟΙΝΩΝΙΑΣ

## ΟΙ ΑΡΧΕΣ ΤΗΣ ΕΠΙΚΟΙΝΩΝΙΑΣ

### Τα στοιχεία μιας επικοινωνίας

Κάθε επικοινωνία έχει τρία βασικά στοιχεία: έναν αποστολέα, ένα μήνυμα και έναν παραλήπτη. Ξεκινώντας από αυτό το κλασικό μοτίβο, θα εξετάσουμε τα βασικά χαρακτηριστικά των ανταλλαγών μεταξύ συναδέλφων, ομάδων και προϊσταμένων.

Τα παραδείγματα που παρατίθενται στον παραπάνω πίνακα δεν είναι εξαντλητικά, αλλά μπορεί να σας θυμίσουν συναδέλφους ή καταστάσεις που έχετε βιώσει. Για να ακουστούν και να γίνουν κατανοητά τα μηνύματά σας, δεν αρκεί να μιλήσετε: πρέπει να επικοινωνήσετε, δηλαδή να συνδεθείτε με το άλλο άτομο. Κατά τη διάρκεια αυτών των σχεσιακών ανταλλαγών, που ονομάζονται επίσης "συναλλαγές" από τον Eric Berne (Αμερικανός ψυχίατρος, θεμελιωτής της συναλλακτικής ανάλυσης, 1910-1970), δημιουργούμε εναλλάξιμους ρόλους. Σύμφωνα με τον Berne, όλοι ανταποκρινόμαστε σε τρεις "καταστάσεις του εγώ" - Ενήλικας, Γονέας και Παιδί - και ακροβατούμε μεταξύ τους ανάλογα με την ανταλλαγή και τη θέση που υιοθετεί ο συνομιλητής μας. Επιπλέον, οι ομιλητές μπορεί να αλλάζουν ρόλους κατά τη διάρκεια της ίδιας συνομιλίας, ανάλογα με τα συναισθήματά τους και το θέμα που συζητείται.

## Μη λεκτική επικοινωνία

Η επιτυχής επικοινωνία δεν εξαρτάται μόνο από τις λέξεις (γραπτές ή προφορικές): η μη λεκτική γλώσσα παίζει επίσης σημαντικό ρόλο. Σύμφωνα με τον Albert Mehrabian (καθηγητής ψυχολογίας, γεννηθείς το 1939), φαίνεται ότι το τελευταίο είναι το πιο επικοινωνιακό.

Να γνωρίζετε τα στοιχεία της μη λεκτικής γλώσσας, ώστε να μπορείτε να ελέγχετε τις πληροφορίες που μεταφέρετε.

 **ΣΥΜΒΟΥΛΕΥΤΙΚΗ ΕΙΚΟΝΑ**

Η συμβουλευτική εικόνας είναι μια πρακτική της μόδας, ιδίως χάρη στα προγράμματα *makeover*, και σας βοηθά να ενισχύσετε την εμφάνισή σας και να επιβληθείτε, επιλέγοντας ένα ντύσιμο που ταιριάζει στον σωματότυπο, την επιδερμίδα και την προσωπικότητά σας. Η εικόνα που προβάλλετε είναι εξίσου σημαντική με τα λόγια σας. Το να αισθάνεστε ικανοποιημένοι με το σώμα σας θα σας βοηθήσει να αποκτήσετε αυτοπεποίθηση, η οποία θα μεταφραστεί σε μια κάποια ευκολία όταν εκφράζεστε.

## Λεκτική επικοινωνία

Παρόλο που αντιπροσωπεύει μόνο το 7% της επικοινωνίας μας, η λεκτική γλώσσα αποτελεί τη βάση των πληροφοριών των Ενηλίκων, για να χρησιμοποιήσουμε το μοντέλο του Berne. Βασίζοντας την επικοινωνία σας σε αντικειμενικές πληροφορίες, θα αποκτήσετε σαφήνεια. Για να επικοινωνήσετε αποτελεσματικά, λάβετε υπόψη σας τις ακόλουθες συμβουλές:

- Η επικοινωνία σημαίνει δέσμευση, εμπλοκή. Εκφραστείτε ξεκινώντας τις προτάσεις σας με το "εγώ": "νομίζω", "προτείνω", "προτείνω", κ.λπ. Με αυτόν τον τρόπο εκφράζετε τα συναισθήματα και τις ιδέες σας χωρίς να ενοχοποιείτε το άλλο πρόσωπο και χωρίς να βασίζεστε σε φήμες. Για παράδειγμα, πείτε "είμαι καταπονημένος" αντί για "δεν δίνετε σημασία στο φόρτο εργασίας μου",

- Αν δεν καταλαβαίνετε μια πληροφορία, ζητήστε αμέσως διευκρινίσεις, ώστε να μην υπάρχουν αμφιβολίες ή παρεξηγήσεις,

- Η πιο προηγμένη τεχνολογία δεν βελτιώνει απαραίτητα την επικοινωνία. Βεβαιωθείτε λοιπόν ότι φροντίζετε τα e-mail και τα επαγγελματικά σας κείμενα κατά την ανταλλαγή. Χρησιμοποιήστε ευγενική γλώσσα, να είστε σύντομοι και να είστε στο θέμα, κ.λπ,

- να είστε διεκδικητικοί όταν είναι απαραίτητο. Αν κάποιος σας διακόψει, μη διστάσετε να τον ρωτήσετε γιατί σας διακόπτει και να του επισημάνετε ότι μιλούσατε,

- Ομοίως, όταν κάποιος σας μιλάει, ακούστε προσεκτικά, χωρίς να τον διακόπτετε, και μείνετε συγκεντρωμένοι,

- προσαρμόστε το λεξιλόγιό σας στο πρόσωπο με το οποίο μιλάτε, ώστε να καταλαβαίνει τι λέτε.

# ΕΠΙΚΟΙΝΩΝΙΑ ΣΤΙΣ ΕΠΙΧΕΙΡΗΣΕΙΣ

## Γιατί αξίζει την πλήρη προσοχή μας;

Η καλή εσωτερική επικοινωνία είναι η βάση κάθε επιτυχημένης επιχείρησης. Χρησιμεύει, μεταξύ άλλων, για :

- να διασφαλίσει ότι οι στόχοι και οι οδηγίες είναι κατανοητές,

- ομοσπονδιοποίηση εργαζομένων γύρω από ένα έργο,

- Εμπλοκή των εργαζομένων και συμμετοχή τους στην εταιρική κουλτούρα,

- παρακινήστε τους εργαζόμενους ,

- Επίλυση συγκρούσεων,

- εξασφαλίζουν ισορροπημένες και ευχάριστες σχέσεις,

- δημιουργούν φιλική ατμόσφαιρα.

## Επίσημη επικοινωνία

Η επίσημη επικοινωνία αναφέρεται σε όλες τις επίσημες ανταλλαγές μεταξύ ατόμων σε έναν οργανισμό. Μπορεί να είναι :

- της επαγγελματικής γραφής, όπως το ηλεκτρονικό ταχυδρομείο, τα υπομνήματα ή τα πρακτικά συνεδριάσεων, τα οποία, με την πάροδο του χρόνου και τις νέες τεχνολογίες, μπορούν να διαφοροποιηθούν εντελώς. Αξίζει να σημειωθεί ότι ορισμένες εταιρείες έχουν μεγαλύτερη επίγνωση των ευθυνών τους ως πολίτες και προτιμούν τα ηλεκτρονικά μηνύματα από την επικοινωνία σε χαρτί. Άλλοι,

ωστόσο, δεν έχουν ακόμη επενδύσει σε συστήματα πληρο-
φορικής και προτιμούν τις έντυπες εκδόσεις,

- προφορικές ανταλλαγές, όπως συναντήσεις, ανατροφοδό-
τηση και συνεντεύξεις.

## 👁 Ο ΔΙΕΥΘΥΝΤΗΣ ΩΣ ΜΑΕΣΤΡΟΣ

Πρόσφατα, μια νέα μέθοδος διαχείρισης εμφανίστηκε στις
εταιρείες: η MBWA (*Managing By Wandering Around*).
Αντί να επικεντρώνεται σε αναφορές και συσκέψεις, ο
διευθυντής βρίσκει χρόνο να μιλήσει με τα μέλη της ομά-
δας του και να έρθει πιο κοντά στην καθημερινότητά τους.
Αυτή η εγγύτητα τους βοηθά να ελέγχουν ότι η ομάδα τους
τηρεί τις οδηγίες και κατανοεί τις αποφάσεις, να διασφαλί-
ζουν ότι τα εργαλεία εσωτερικής επικοινωνίας λειτουρ-
γούν σωστά και να εντοπίζουν τομείς προς βελτίωση, να
συγκεντρώνουν τις απόψεις των εργαζομένων και επίσης
να συγχαίρουν και να παρακινούν την ομάδα τους.
Πηγαίνοντας έξω και ακούγοντάς τους, ο διευθυντής ενι-
σχύει έμμεσα την αποτελεσματικότητα της επίσημης επι-
κοινωνίας.

Το μέσο και ο σκοπός κάθε μιας από αυτές τις ανταλλαγές
καθορίζεται από τον αποστολέα του μηνύματος σύμφωνα με
τις έννοιες που αναλύθηκαν παραπάνω. Για παράδειγμα, ένα
αφεντικό που δεν είναι πολύ διαθέσιμο, θα επικοινωνεί κυρίως
μέσω ηλεκτρονικού ταχυδρομείου μέσω των διευθυντών του
για να μεταφέρει οδηγίες ή απευθείας στους υπαλλήλους του
για να διατηρεί επαφή μαζί τους. Και πάλι, ο τρόπος διάδοσης
των πληροφοριών εξαρτάται από τη φιλοσοφία εργασίας και
την κουλτούρα της εταιρείας.

# Άτυπη επικοινωνία

Η ανεπίσημη επικοινωνία αναφέρεται σε όλες τις ανεπίσημες ανταλλαγές που λαμβάνουν χώρα στο χώρο εργασίας αλλά δεν αφορούν απαραίτητα θέματα που σχετίζονται με την εργασία. Μπορεί να είναι συζητήσεις γύρω από την καφετιέρα, μεταξύ δύο γραφείων, κατά τη διάρκεια του γεύματος, κατά τη διάρκεια ενός διαλείμματος για τσιγάρο κ.λπ. Ορισμένα στελέχη είναι επιφυλακτικά απέναντι σε αυτό το είδος επικοινωνίας, επειδή είναι αυθόρμητη, απαλλαγμένη από κάθε κανόνα και μεταφέρει πληροφορίες που συχνά είναι ανεπιβεβαίωτες (φήμες, κουτσομπολιά κ.λπ.), γεγονός που μπορεί να οδηγήσει σε συγκρούσεις και δυσφορία. Όπως και η γραπτή επικοινωνία, μπορεί να γίνει με διάφορα μέσα, γραπτά (e-mails, post-it notes) ή προφορικά, και έχει πολλά πλεονεκτήματα:

- προσφέρει κύρος και ικανοποιεί την ανάγκη για αναγνώριση και ένταξη στην ομάδα,

- προωθεί την ανταλλαγή κοινωνικών και πολιτιστικών αξιών εντός μιας ομάδας,

- ενθαρρύνει τη συνεργασία με τη δημιουργία δεσμών μεταξύ των εργαζομένων.

Δεν υπάρχουν κανόνες που πρέπει να ακολουθήσετε και μαγικές οδηγίες. Ακολουθήστε, λοιπόν, τις αρχές των καλών τρόπων προκειμένου να αναπτύξετε και να διατηρήσετε υγιείς και παραγωγικές εργασιακές σχέσεις.

# ΠΡΟΣΑΡΜΟΓΗ ΤΗΣ ΣΤΑΣΗΣ ΣΑΣ

Όποιο και αν είναι το είδος της επικοινωνίας, η στάση που υιοθετούμε είναι καθοριστική και καθορίζει την πορεία της ανταλλαγής. Σύμφωνα με τον Eric Berne, υπάρχουν τρεις καταστάσεις, οι οποίες αντιστοιχούν σε συγκεκριμένες συμπεριφορές:

- **(Π) ο Γονέας** που μιμείται την αυταρχική αλλά και φροντιστική γονική φιγούρα,

- **(Α) ο Ενήλικας** που ασχολείται με την πραγματολογική πλευρά των πραγμάτων, με λογικές και ορθολογικές πληροφορίες, εδώ και τώρα,

- **(Ε) το Παιδί** που αναφέρεται στις παιδικές μας εμπειρίες και αναμνήσεις.

Ο ακόλουθος πίνακας σας παρέχει τις λεπτομέρειες που απαιτούνται για να κατανοήσετε την πολυπλοκότητα αυτών των αναφορών.

Προκειμένου να διατηρούνται εποικοδομητικές και κατάλληλες ανταλλαγές εντός της εταιρείας, οι συναλλαγές (ή οι ανταλλαγές) πρέπει να είναι συμπληρωματικές, δηλαδή από ενήλικα προς ενήλικα ή από γονέα προς παιδί.

Προσοχή, αν οι συναλλαγές σας διασταυρώνονται, αυτό μπορεί να δημιουργήσει συγκρούσεις.

> *Για παράδειγμα:*
>
> *–"Τι ώρα φτάνει;" (Ενήλικας)*
>
> *–"Θα έπρεπε να ξέρετε καλύτερα!" (Γονέας)*

Σε αυτού του είδους τις συναλλαγές, η ισορροπία δεν τηρείται, διότι το ένα από τα δύο μέρη αντιμετωπίζεται ως παιδί, ενώ τοποθετείται ως ενήλικος.

> ***Παράδειγμα απάντησης σε ανταλλαγή ενηλίκων-ενήλικων:***
>
> *"Έρχεται στις 10.30. Με ενοχλεί που δεν κρατάτε τέτοιου είδους πληροφορίες, γιατί αισθάνομαι ότι δεν παίρνετε στα σοβαρά αυτή τη συνάντηση". (Ενηλίκων)*

Να είστε ενήμεροι για τέτοιες αλλαγές, καθώς τα παιχνίδια εξουσίας συχνά λαμβάνουν χώρα εν αγνοία των συμμετεχόντων. Έχουν αρνητικές επιπτώσεις στην παραγωγικότητα της εταιρείας και δημιουργούν δυσαρέσκεια στην ομάδα. Όταν αλληλεπιδράτε με τους συναδέλφους ή τους ανωτέρους σας, όλες οι επικοινωνίες σας αποκαλύπτουν την κατάστασή σας.

Προκειμένου να βγούμε από τα δυσάρεστα παιχνίδια των σχέσεων, η συναλλακτική ανάλυση προσφέρει καλές λύσεις καλώντας μας να υιοθετήσουμε την καταλληλότερη κατάσταση ανάλογα με την κάθε κατάσταση. Για παράδειγμα, αν συμπεριφέρεστε σε όλους σαν "κανονικός γονέας", είναι απολύτως λογικό ότι αυτό θα δημιουργήσει εντάσεις μεταξύ των συναδέλφων. Αν θέλετε να έχετε αποτελέσματα από τους υπαλλήλους, βεβαιωθείτε ότι λειτουργείτε ως "ενήλικας" παρέχοντας τεκμηριωμένες οδηγίες (πότε, πού, σε ποιον, κ. λπ.). Αν θέλετε να φέρεστε στους συναδέλφους σας με επαγγελματικό (δηλαδή ενήλικο) τρόπο, κάντε το. Για κάποιες ανεπίσημες ανταλλαγές, όπου απαιτείται καλοσύνη (Γονέας), υιοθετήστε μια πιο ενσυναισθητική και ζεστή συμπεριφορά στα λόγια και τη στάση σας. Για παράδειγμα, αν ο υπάλληλός σας είναι πολύ ανήσυχος στη δουλειά του, αλλά δεν το παραδέχεται, αντί να αποδεχτείτε την άρνησή του ή να τον αναγκάσετε να μιλήσει, επικεντρωθείτε στον στόχο σας: να δείτε πιο καθαρά για να βελτιώσετε την κατάσταση στην εργασία. Για να το κάνετε αυτό, βάλτε τον εαυτό σας στην κατάσταση που θεωρείτε κατάλληλη. Αυταρχικός, κανονιστικός γονέας; Ένας ουδέτερος, λογικός ενήλικας; Ίσως θα πρέπει να δοκιμάσετε το ζεστό και στοργικό Nurturing Parent.

# ΚΟΡΥΦΑΙΕΣ ΣΥΜΒΟΥΛΕΣ

- **Εκφραστείτε χρησιμοποιώντας την αντωνυμία "εγώ".** Αυτό θα καταδείξει τη συμμετοχή σας στη συζήτηση και θα δείξει ότι παίρνετε θέση. Χρησιμοποιήστε τη θετική και όχι την αρνητική μορφή. Για παράδειγμα, πείτε "Θυμάσαι ότι έχουμε μια συνάντηση αύριο;" αντί για "Θυμήθηκες τη συνάντηση αύριο το πρωί;".

- **Χρησιμοποιήστε φιλική γλώσσα του σώματος** για να διευκολύνετε το άλλο άτομο. Εξαλείψτε όσο το δυνατόν περισσότερο τα τικ συμπεριφοράς που προδίδουν τη νευρικότητα, τη δυσφορία ή το θυμό σας (νευρική χειρονομία, κρύβετε τα χέρια σας στις τσέπες, τρώτε τα νύχια σας κ.λπ.). Ο συνομιλητής σας θα επικεντρωθεί σε αυτά που λέτε και όχι στη γλώσσα του σώματός σας.

- **Ελέγξτε τα συναισθήματά σας.** Όποια και αν είναι η κατάσταση (αρνητική ανατροφοδότηση, δυσάρεστα σχόλια από έναν συνάδελφο κ.λπ.), μην είστε επιθετικοί ή αμυντικοί, καθώς αυτό δεν θα οδηγήσει σε μια υγιή λύση. Κάντε ένα βήμα πίσω, προσπαθήστε να καταλάβετε το άλλο άτομο και, αν χρειαστεί, εξηγήστε με ηρεμία αυτό που δεν σας αρέσει, προκειμένου να μειώσετε την ένταση.

- **Χτίστε σχέσεις εμπιστοσύνης** γύρω σας. Ενεργήστε με τρόπο που να σας ενδιαφέρει και να ενθαρρύνετε τους συναδέλφους σας να κάνουν το ίδιο. Στο πνεύμα αυτό, να μιλάτε ενάντια σε κάθε προσβλητική, σεξιστική, ρατσιστική ή ταπεινωτική συμπεριφορά και να την καταδικάζετε. Αυτές οι συμπεριφορές είναι απαράδεκτες σε κάθε κοινότητα και μπορούν να οδηγήσουν σε παραίτηση ή ακόμη και σε επαγγελματική εξουθένωση.

- **Προσαρμοστείτε στον συνομιλητή σας. Δώστε** προσοχή στη λεκτική τους γλώσσα και στη γλώσσα του σώματος. Αν είναι απτικός, αγκαλιάστε τον- αν είναι οπτικός, οπτικοποιήστε την ομιλία σας με συγκεκριμένα παραδείγματα- αν είναι ακουστικός, προτιμήστε την προφορική επικοινωνία από τη γραπτή- κ.λπ. Επιπλέον, προσαρμόστε τον τρόπο έκφρασής σας ανάλογα με το αν απευθύνεστε στον προϊστάμενό σας ή στον άμεσο συνάδελφό σας.

- **Διοργάνωση εσωτερικών ανοικτών ημερών για** την ενθάρρυνση των ανταλλαγών και την ενίσχυση της συνεργασίας μεταξύ των τμημάτων. Δείξτε στους συναδέλφους σας πώς λειτουργούν τα πράγματα εσωτερικά, ώστε όλοι να γνωρίζουν τις διαδικασίες και τους ρόλους κάθε τμήματος. Αυτό θα μειώσει σημαντικά τις παρεξηγήσεις και τις παρεκκλίσεις.

- **Ανάπτυξη εσωτερικού δικτύου**. Το εσωτερικό δίκτυο αποτελεί μια ενδιαφέρουσα και ωφέλιμη τράπεζα πληροφοριών και γνώσεων για ολόκληρη την εταιρεία. Καλεί τους εργαζόμενους να ανταλλάσσουν πληροφορίες για συγκεκριμένες πτυχές κατά διαστήματα (και όχι για γενικό περιεχόμενο που κανείς δεν συμβουλεύεται). Για παράδειγμα, ένα τμήμα θα μπορούσε να δημιουργήσει ένα ημερολόγιο που θα περιγράφει την καθημερινή του δραστηριότητα, γεγονός που θα διευκολύνει σημαντικά το έργο του τμήματος που είναι επιφορτισμένο με την ανάληψη του φακέλου στο εγγύς μέλλον. Μπορείτε επίσης να δημιουργήσετε ένα εταιρικό κοινωνικό δίκτυο. Βασισμένο στα μοντέλα των κλασικών κοινωνικών δικτύων, προσφέρει στους εργαζόμενους τη δυνατότητα να ανταλλάσσουν, να δημοσιεύουν και να επικοινωνούν γρήγορα μεταξύ τους. Αυτό θα ενισχύσει τη συνοχή τους.

- **Ορίστε συγκεκριμένες ώρες επικοινωνίας**, ώστε να μην ενοχλείτε και αποσπάτε την προσοχή των ανθρώπων οποιαδήποτε στιγμή της ημέρας. Οργανώστε ενημερώσεις και συνεντεύξεις, εάν χρειάζεστε χρόνο με το ενδιαφερόμενο πρόσωπο. Μην ξεχνάτε να τους ενημερώνετε εγκαίρως για το τι συμβαίνει. Αν πρόκειται απλώς για μια λεπτομέρεια που πρέπει να μεταδοθεί, προσπαθήστε να το συζητήσετε στον καφέ ή κατά τη διάρκεια του μεσημεριανού διαλείμματος.

- **Επιλέξτε ομαδικές συναντήσεις ή ατομικές συναντήσεις ανάλογα** με το είδος των πληροφοριών που πρέπει να παρασχεθούν. Εάν πρέπει να διορθώσετε έναν υπάλληλο για ανάρμοστη συμπεριφορά, δεν χρειάζεται να καλέσετε ολόκληρη την εταιρεία. Μετά τις συνεδριάσεις των ομάδων, διαθέστε τα πρακτικά των αποφάσεων που λαμβάνονται για να ενημερώσετε τους ενδιαφερόμενους (παρόντες ή απόντες).

- **Δημιουργήστε έναν χώρο χαλάρωσης** για να ενθαρρύνετε τις ανεπίσημες ανταλλαγές. Αυτό θα βελτιώσει τις εργασιακές σχέσεις και την ατμόσφαιρα στην ομάδα σας. Εδώ μπορούν επίσης να πραγματοποιηθούν οι πιο σύντομες ή οι πιο ανεπίσημες συνεδριάσεις.

# 👁 ΑΛΤΡΟΥΙΣΤΙΚΕΣ ΣΧΕΣΕΙΣ

Ο Matthieu Ricard, γιατρός βιολογίας που έγινε βουδιστής, υποστηρίζει τον αλτρουισμό ως παράγοντα επιτυχίας στις επιχειρήσεις. Σύμφωνα με αυτόν, ο άνθρωπος είναι εκ φύσεως στραμμένος προς τους άλλους, όχι προς τον εαυτό του. Υπό αυτή την έννοια, οι στατιστικές του ΟΟΣΑ (Οργανισμός Οικονομικής Συνεργασίας και Ανάπτυξης) διαπιστώνουν ότι το υπ' αριθμόν ένα κριτήριο ευτυχίας είναι, με διαφορά, η ποιότητα των σχέσεων. Η έρευνά τους δείχνει ότι η καλή επικοινωνία βασίζεται στον αλτρουισμό και στις υγιείς αλληλεπιδράσεις με τους συναδέλφους. Σύμφωνα με τον Ricard, η πρακτική του διαλογισμού θα μπορούσε να αποτελέσει εργαλείο για την οικοδόμηση ομάδων, καθώς ενθαρρύνει τη συνεργασία και τη διαρκή αρμονία και προωθεί την ανάπτυξη ενός υγιούς και φροντιστικού περιβάλλοντος. Σήμερα, ορισμένες εταιρείες δημιουργούν χώρους χαλάρωσης και προσκαλούν τους υπαλλήλους τους να διαλογιστούν μόνοι τους ή με άλλους, προκειμένου να βελτιώσουν τις σχέσεις τους και συνεπώς την επικοινωνία τους.

# ΣΥΧΝΕΣ ΕΡΩΤΗΣΕΙΣ

## ΤΙ ΠΡΕΠΕΙ ΝΑ ΠΡΟΣΕΧΩ ΟΤΑΝ ΕΠΙΚΟΙΝΩΝΩ ΜΕ ΤΟΥΣ ΣΥΝΑΔΕΛΦΟΥΣ ΜΟΥ;

Υπάρχουν πολλές πτυχές που πρέπει να εξετάσετε: τις χειρονομίες σας, τη στάση σας, την εμφάνισή σας, τη ροή της φωνής σας και τις λέξεις που χρησιμοποιείτε. Δημιουργώντας ένα αρμονικό σύνολο, θα στείλετε σαφή και άμεσα μηνύματα. Επίσης, δώστε προσοχή στον συνομιλητή σας, κοιτάξτε τον στα μάτια και ακούστε τον. Επικεντρωθείτε σε αυτά που λένε και στη γλώσσα του σώματός τους. Αν δεν καταλαβαίνετε κάτι, ζητήστε περισσότερες εξηγήσεις. Αν αισθανθείτε ότι υπάρχει κάποιο συναίσθημα πίσω από αυτά που λένε, μιλήστε γι' αυτό με φιλικό τρόπο: ο στόχος εδώ δεν είναι να παίξετε τον ψυχολόγο, αλλά να ενθαρρύνετε την ειλικρινή και ειλικρινή επικοινωνία μεταξύ των συναδέλφων.

## ΤΙ ΕΙΔΟΥΣ ΕΠΙΚΟΙΝΩΝΙΑ ΜΠΟΡΩ ΝΑ ΒΡΩ ΣΤΗΝ ΕΤΑΙΡΕΙΑ;

Οι τύποι επικοινωνίας και τα μέσα που χρησιμοποιούνται ποικίλλουν ανάλογα με το μέγεθος του οργανισμού στον οποίο εργάζεστε και την κουλτούρα της εταιρείας σας. Ωστόσο, είναι γενικά απαραίτητο να γνωρίζετε ηλεκτρονικούς υπολογιστές, καθώς το ηλεκτρονικό ταχυδρομείο, το ενδοδίκτυο και οι τηλεδιασκέψεις είναι τα πιο συνηθισμένα εργαλεία επικοινωνίας. Φυσικά, υπάρχει επίσης προφορική, προφορική επικοινωνία μέσω συναντήσεων, ανατροφοδότησης και συνεντεύξεων, για να μην αναφέρουμε τις ανεπίσημες ανταλλαγές από την καφετιέρα.

## ΠΩΣ ΕΠΙΚΟΙΝΩΝΩ ΜΕ ΤΟΝ ΠΡΟΪΣΤΑΜΕΝΟ ΜΟΥ;

Ανάλογα με τη φιλοσοφία και την εσωτερική λειτουργία της εταιρείας, μπορεί να μην έχετε ποτέ επαφή με το μεγάλο αφεντικό. Ως εκ τούτου, ο προϊστάμενός σας θα είναι ένας διευθυντής που θα πληροί τα πρότυπα της εσωτερικής πολιτικής της εταιρείας σας. Αν θέλετε να προωθήσετε τη συνεργασία, μάθετε κατά τη συνέντευξη ποιος θα είναι ο προϊστάμενός σας, ώστε να καθοριστούν με σαφήνεια οι ρόλοι. Σε κάθε συναλλαγή, αφήστε τον προϊστάμενό σας να εκφραστεί με τον τρόπο που προτιμά να επικοινωνεί και με τον τόνο που προτιμά (οικείο, ψυχρό, άμεσο κ.λπ.) και προσαρμοστείτε στη στάση του. Για προληπτικούς λόγους, ξεκινήστε ευγενικά και διατηρήστε μια κάποια επαγγελματική απόσταση, τουλάχιστον μέχρι να τους γνωρίσετε καλύτερα.

## ΠΩΣ ΜΠΟΡΩ ΝΑ ΚΑΝΩ ΤΙΣ ΣΥΝΕΔΡΙΑΣΕΙΣ ΜΟΥ ΑΠΟΤΕΛΕΣΜΑΤΙΚΕΣ;

Μην επιβεβαιώσετε τη συμμετοχή σας σε μια συνεδρίαση εάν δεν γνωρίζετε την ημερήσια διάταξη. Ζητήστε περισσότερες πληροφορίες σχετικά με το θέμα και το ζήτημα. Με αυτόν τον τρόπο, θα φτάσετε προετοιμασμένοι ή, αν χρειαστεί, θα ειδοποιήσετε για την απουσία σας. Αν όλοι οι εργαζόμενοι είναι υποχρεωμένοι να παρευρίσκονται, αλλά συχνά έχετε την αίσθηση ότι ο χρόνος σας έχει χαθεί, προτείνετε κατ' ιδίαν συναντήσεις ή συναντήσεις με τους άμεσα εμπλεκόμενους. Αυτό είναι σημαντικό για την αποδοτικότητα και τα κίνητρα όλων.

## ΠΩΣ ΝΑ ΑΠΟΦΥΓΕΤΕ ΤΙΣ ΦΗΜΕΣ ΚΑΙ ΤΑ ΠΑΙΧΝΙΔΙΑ ΕΞΟΥΣΙΑΣ;

Οι φήμες μπορούν να αποκαλύψουν δυσλειτουργίες στην εταιρεία. Η εσωτερική επικοινωνία προσπαθεί να τις αποφύγει, διατηρώντας επαφή με τους εργαζόμενους και ανακαλύπτοντας τι τροφοδοτεί τους φόβους, τις αντιρρήσεις ή τις απογοητεύσεις. Για να εντοπίσετε τα προβλήματα, αναλύστε τα ακόλουθα τέσσερα σημεία της εταιρείας σας:

- η ποιότητα της συνεργασίας, δηλαδή η ακρόαση, ο σεβασμός του πλαισίου, η ομιλία και η συζήτηση,

- δέσμευση, δηλαδή το καλοπροαίρετο κλίμα, η συνοχή της ομάδας, η εξάλειψη του φόβου της σύγκρισης,

- διαχείριση ενέργειας. Η διαχείριση γίνεται με μετρημένο τρόπο, η ηγεσία του διευθυντή δεν καταδυναστεύει τις ομάδες,

- Επίλυση συγκρούσεων, δηλαδή να βλέπουμε τη σύγκρουση ως μια παραγωγική στιγμή, να διαχωρίζουμε το άτομο από το ζήτημα, να δίνουμε λύσεις ή να ενθαρρύνουμε τον συμβιβασμό.

Ανοιχτή και αποτελεσματική επικοινωνία δεν μπορεί να υπάρξει σε ένα κακόβουλο κλίμα όπου όλοι φοβούνται τα ανομολόγητα λόγια και τις διαπροσωπικές εντάσεις. Σε ένα περιβάλλον όπου οι κίνδυνοι αυτοί μετριάζονται και όπου η ωριμότητα της ομάδας επιτρέπει σε κάθε άτομο να αξιοποιήσει τις δυνατότητές του (κάνοντας λάθη, κάνοντας ερωτήσεις, αναζητώντας αντιφάσεις στη συζήτηση για να βελτιώσει τη δουλειά του κ.λπ.), η εταιρεία βρίσκει στους υπαλλήλους της μια παραγωγική αλληλεγγύη, η ευφυΐα της οποίας τρέφεται από την ομάδα. ), η εταιρεία βρίσκει στους υπαλλήλους της μια παραγωγική αλληλεγγύη της οποίας η νοημοσύνη τρέφεται.

## ΠΟΙΟΣ ΕΙΝΑΙ Ο ΣΚΟΠΟΣ ΤΩΝ ΑΞΙΟΛΟΓΗΣΕΩΝ ΚΑΙ ΤΗΣ ΑΝΑΤΡΟΦΟΔΟΤΗΣΗΣ;

Οι αξιολογήσεις και οι ανατροφοδοτήσεις αποτελούν ιδιαίτερες στιγμές για συζήτηση με τους προϊσταμένους ή, αντίθετα, με τους υφισταμένους. Επομένως, μη διστάσετε να ζητήσετε τα θέματα που θα συζητηθούν για να προετοιμαστείτε. Οι αξιολογήσεις είναι μια ευκαιρία για επικοινωνία σχετικά με τις επιθυμίες, τα ευρήματα, τις ιδέες, αλλά και τις δυσκολίες που αντιμετωπίστηκαν. Εάν κληθείτε σε μια τέτοια συνάντηση, ετοιμάστε έναν φάκελο με τις προτάσεις σας με επαγγελματικό τρόπο, ώστε να μπορείτε να ενημερώσετε τους ανωτέρους σας. Κατά τη διάρκεια μιας συνεδρίας ανατροφοδότησης, ο τελευταίος θα σας δώσει ανατροφοδότηση σχετικά με τις δεξιότητες και τις συμπεριφορές σας. Ακούστε την με ψυχραιμία, μην την εκλαμβάνετε ως κριτική, αλλά ως ευκαιρία για βελτίωση.

## ΠΡΕΠΕΙ ΝΑ ΕΠΙΚΟΙΝΩΝΩ ΔΙΑΦΟΡΕΤΙΚΑ ΑΝ ΕΙΜΑΙ ΓΥΝΑΙΚΑ;

Ορισμένοι άνδρες δεν διστάζουν να υποτιμούν τις γυναίκες διατηρώντας ψευδείς πεποιθήσεις (οι γυναίκες είναι συναισθηματικές, πιο αδύναμες, λιγότερο ικανές να διαχειριστούν το άγχος κ.λπ.) και μερικές φορές ακόμη και κάνοντας υποτιμητικά σχόλια. Για να χτίσετε την αυτοπεποίθησή σας ως γυναίκα, εμπνευστείτε από τεχνικές ειδικών, όπως οι στάσεις δύναμης της Amy Cuddy, οι οποίες δουλεύουν στο υποσυνείδητο. Γελοιοποιήστε τέτοια σεξιστικά σχόλια και μη διστάσετε να επικοινωνήσετε με τα αντιπροσωπευτικά όργανα, εάν δεν ληφθούν κυρώσεις ή αποφάσεις για τον τερματισμό αυτής της επιβλαβούς συμπεριφοράς. Οι κοινωνικοί εταίροι (συνδικάτα, συμβούλια εργαζομένων κ.λπ.) μπορούν να προτείνουν κατάλληλα μέτρα για την αποκατάσταση ενός ήρεμου και πολιτισμένου κλίματος στην επικοινωνία των επιχειρήσεων.

 ## ΚΑΛΟ ΕΙΝΑΙ ΝΑ ΓΝΩΡΙΖΕΤΕ

Σε μια διάλεξη με τίτλο "Η γλώσσα του σώματός σας διαμορφώνει το ποιος είστε", η Αμερικανίδα ψυχολόγος Amy Cuddy εξηγεί ότι η αλλαγή της στάσης του σώματος έχει θετικό αντίκτυπο στην αντίληψη των άλλων ανθρώπων για εμάς, αλλά κυρίως στην αντίληψη που έχουμε εμείς οι ίδιοι για τον εαυτό μας. Μετά από τη διεξαγωγή απλών δίλεπτων πειραμάτων συμπεριφοράς, η Cuddy δείχνει ότι η γλώσσα του σώματος επηρεάζει τα επίπεδα τεστοστερόνης, την ανοχή στον κίνδυνο και τα επίπεδα κορτιζόλης. Αυτές οι ορμονικές αλλαγές κατευθύνουν τον εγκέφαλο και μας οδηγούν να αντιδράσουμε με μια αίσθηση δύναμης ή άγχους. Η Cuddy προτείνει, λοιπόν, τη μίμηση στάσεων που μας φέρνουν σε ισχυρή θέση και τροφοδοτούν την αυτοπεποίθησή μας: χέρια στους γοφούς, κορμός λυγισμένος προς τα εμπρός, ίσια πλάτη κ.λπ. Εφαρμόστε αυτή τη συμβουλή όσο το δυνατόν συχνότερα, επαναλαμβάνοντας αυτές τις στάσεις ή τις στάσεις των συναδέλφων σας με αυτοπεποίθηση, μέχρι να νιώσετε μεγαλύτερη αυτοπεποίθηση.

## ΠΩΣ ΜΠΟΡΩ ΝΑ ΑΠΟΚΑΤΑΣΤΗΣΩ ΤΗΝ ΕΠΙΚΟΙΝΩΝΙΑ ΕΝΤΟΣ ΤΗΣ ΟΜΑΔΑΣ ΜΟΥ;

Η δημιουργία ομάδων είναι μια αποτελεσματική λύση για την αποκατάσταση της υγιούς επικοινωνίας στις εταιρείες. Για να είναι σχετική, οργανώστε την γύρω από θέματα που σχετίζονται με το πρόβλημά σας (επίλυση συγκρούσεων, δυναμική ομάδων, ομαδική επικοινωνία κ.λπ.). Χρησιμοποιήστε έναν διαμεσολαβητή εκτός της εταιρείας, ώστε όλοι, συμπεριλαμβανομένου του διευθυντή, να επωφεληθούν από το εργαστήριο. Αυτό που είναι σημαντικό εδώ είναι ότι ο ηγέτης της ομάδας δίνει το παράδειγμα και ότι όλοι στην εταιρεία συμμετέχουν στη διαδικασία.

# ΕΞΑΡΤΑΤΑΙ ΑΠΟ ΕΣΑΣ

## ΕΠΙΒΕΒΑΙΩΝΟΝΤΑΣ ΤΟΝ ΕΑΥΤΟ ΣΑΣ

Σταθείτε μπροστά στον καθρέφτη και δώστε τις εντυπώσεις σας από :

- τον ενδυματολογικό σας κώδικα,

- ο τρόπος που χαιρετάς,

- τον τόνο της φωνής σας.

Σκεφτείτε τώρα έναν συνάδελφό σας που έχει αυτοπεποίθηση και άνεση και αναλύστε τις διαφορές μεταξύ της στάσης του και της δικής σας. Ο τρόπος ομιλίας τους συνάδει με το ύφος και την προσωπικότητά τους; Είναι μαλακός, γρήγορος, αποτελεσματικός, κατανοητός; Η έκφρασή σας συνάδει με την ιδιοσυγκρασία σας; Διορθώστε τα στοιχεία σύμφωνα με τις απαντήσεις σας.

## ΑΠΟΚΑΤΑΣΤΑΣΗ ΤΗΣ ΕΜΠΙΣΤΟΣΥΝΗΣ ΣΤΗΝ ΟΜΑΔΑ ΣΑΣ

Εάν αισθάνεστε ότι τα παιχνίδια εξουσίας ή τα ανείπωτα λόγια δυσχεραίνουν την ατμόσφαιρα στην ομάδα σας και επιβραδύνουν τα έργα της εταιρείας, εξετάστε την κατάσταση. Κάντε στον εαυτό σας τις ακόλουθες ερωτήσεις για να κατανοήσετε την πηγή των συγκρούσεων. Θα προσπαθήσετε να τα επιλύσετε εσωτερικά ή με τη βοήθεια ενός προπονητή κατά τη διάρκεια μιας συνεδρίας ομαδικής ανάπτυξης.

- Πώς διεξάγονται τα παιχνίδια; Είναι οι εμπλεκόμενοι πάντα οι ίδιοι; Έχουν τους ίδιους ρόλους;

- Τους έχει μιλήσει ποτέ κανείς για τη συμπεριφορά τους; Το έχετε κάνει προσωπικά;

- Ποια συμπεριφορά παρατηρείτε πιο συχνά; Πώς εξηγείτε στο ενδιαφερόμενο άτομο ότι η στάση του είναι επιβλαβής ("Γιατί με διακόπτεις συνέχεια;", "Γιατί είσαι τόσο επιθετικός όταν μιλάς; Αυτό επιβαρύνει την ομάδα", κ.λπ.).

- Τοποθετήστε τους ομιλητές στο πλέγμα των καταστάσεων του εγώ: Γονέας (φροντιστής ή κανονιστικός), Ενήλικας, Παιδί (υποτακτικό, επαναστατικό ή αυθόρμητο). Ποιες πληροφορίες προκύπτουν;

# ΓΙΑ ΝΑ ΠΡΟΧΩΡΗΣΕΤΕ ΠΕΡΑΙΤΕΡΩ

## ΒΙΒΛΙΟΓΡΑΦΙΚΕΣ ΠΗΓΕΣ


BASTIANUTTI (Julie) και PETITBON (Frédéric), *La proximité, une stratégie!* Παρίσι, Dunod, 2015.

D'ALMEIDA (Nicole) και LIBAERT (Thierry), *La communication interne des entreprises*, Paris, Dunod, 2010.

Duterne (Claude), *La communication interne en entreprise*, Βρυξέλλες, De Boeck, 2002.

Ghiulamila (Juliette) και LEVET (Pascale), *Les hommes, les femmes et les entreprises: vers quelle égalité?* Παρίσι, εκδόσεις L'Harmattan, 2007.

GOLDSTEIN (Mauricio) και REAO (Philippe), *Petits jeux de pouvoir en entreprise. Πώς να τις εντοπίσετε και να τις εξαλείψετε*, Paris, Pearson, 2012.

"Φερομόνες, βιοχημικοί αγγελιοφόροι που επηρεάζουν τη σεξουαλική και κοινωνική συμπεριφορά", στο *Nutra News*, Δεκέμβριος 2000, πρόσβαση στις 8 Αυγούστου 2015.

http://www.nutranews.org/sujet.pl?id=684

TERRIER (Claude), "L'analyse transactionnelle", στο *Cterrier.com*, Σεπτέμβριος 2013, πρόσβαση στις 9 Αυγούστου 2015.

http://www.cterrier.com/cours/communication/32_analyse_transactionnelle.pdf

Tonnelé (Arnaud), *La bible du team-building. 55 fiches pour développer la performance des équipes*, Paris, Eyrolles, 2015.

## ΠΡΟΣΘΕΤΕΣ ΠΗΓΕΣ

Berne (Éric), *Des jeux et des hommes*, Paris, éditions Stock, 1982.

SCHANDELER (Φλωρεντία), *Πώς να είστε σαφείς στη γραπτή σας επικοινωνία;* Βρυξέλλες, Lemaître Publishing, 2015.


## ΒΙΝΤΕΟ

Cuddy (Amy), "Your Body Language Shapes Who You Are", στο *Ted*, Ιούνιος 2012, πρόσβαση στις 8 Αυγούστου 2015.

http://www.ted.com/talks/amy_cuddy_your_body_language_shapes_who_you_are

FRIED (Jason), "Why Work Doesn't Happen at Work", στο *Ted*, Οκτώβριος 2010, πρόσβαση στις 9 Αυγούστου 2015.

http://www.ted.com/talks/jason_fried_why_work_doesn_t_happen_at_work

HEFERMAN (Margaret), "Dare to Disagree", στο *Ted*, Αύγουστος 2012, πρόσβαση στις 8 Αυγούστου 2015.

http://www.ted.com/talks/margaret_heffernan_dare_to_disagree

"The face decrypted", στο *Arte*, Γερμανία, 2011, πρόσβαση στις 8 Αυγούστου 2015.

http://www.arte.tv/guide/fr/043564-000/le-visage-decrypte

"Οσμή σώματος: μέσο επικοινωνίας;", στο *Youtube*, Γερμανία, 2014, πρόσβαση στις 8 Αυγούστου 2015.

https://www.youtube.com/watch?v=PZQJFcbF_ig

"Non-verbal: the gestures that kill your credibility", Γαλλία, 2014, πρόσβαση στις 8 Αυγούστου 2015.

https://www.youtube.com/watch?v=k-s_R4yZEuY

RICARD (Matthieu), "How to Let Altruism be Your Guide", στο *Ted*, Οκτώβριος 2014, πρόσβαση στις 9 Αυγούστου 2015.

http://www.ted.com/talks/matthieu_ricard_how_to_let_altruism_be_your_guide

SNEK (Simon), "Why Good Leaders Make You Feel Safe", στο *Ted*, Μάιος 2014, πρόσβαση στις 8 Αυγούστου 2015.

http://www.ted.com/talks/simon_sinek_why_good_leaders_make_you_feel_safe

# IMPROVE YOUR GENERAL KNOWLEDGE

## IN THE BLINK OF AN EYE!

www.50minutes.com

Ο εκδότης διασφαλίζει την αξιοπιστία των πληροφοριών που δημοσιεύονται, η οποία όμως δεν μπορεί να αποτελέσει ευθύνη του.

Κύριο ISBN: 9782808664332
ISBN: 9782808671750
Νόμιμη κατάθεση: D/2023/12603/497

Ψηφιακός σχεδιασμός: Primento,
ο ψηφιακός συνεργάτης των εκδοτών.